Vorwort zur 2. Auflage

1997, zwei Jahre nach Inkrafttreten des Partnerschaftsgesellschaftsgesetzes, sind nach Schätzungen, die zum Teil auf Mitteilungen aus dem Bundesministerium der Justiz beruhen, rund 900 Eintragungen im Partnerschaftsregister zu verzeichnen. Die meisten Partnerschaften sind im Register beim Amtsgericht Essen eingetragen (278 am 15. 9. 1997, vgl. S. 33). Von den rechts- und steuerberatenden Berufen wird die neue Rechtsform besonders akzeptiert; stark vertreten sind aber auch Ingenieure und Architekten sowie Unternehmensberater.

Die bisher erworbenen praktischen Erfahrungen mit der neuen Gesellschaftsform und sogar bereits vorliegende erste Gerichtsentscheidungen sind in der völlig neu überarbeiteten 2. Auflage ebenso berücksichtigt wie das aktuelle Schrifttum zur Partnerschaftsgesellschaft, das bereits ein erhebliches Ausmaß erreicht hat.

Wir freuen uns, daß wir den Registerrechtspfleger des Partnerschaftsregisters beim Amtsgericht Essen, Herrn Diplom-Rechtspfleger (FH) Andreas Marquardt gewinnen konnten, seine Erfahrungen im Zusammenhang mit der Registeranmeldung einzubringen. Die Ausführungen zur „Registeranmeldung" (Kapitel IV.) basieren im wesentlichen auf von ihm herausgegebenen Merkblättern für die Abfassung der Erstanmeldung oder auch zur Folgeanmeldung von Partnerschaften. An dieser Stelle möchten wir uns noch einmal ganz recht herzlich für die freundliche Unterstützung bedanken.

Köln, September 1997   *Tobias Lenz / Frank Braun*

Inhaltsverzeichnis

I. Das Partnerschaftsgesellschaftsgesetz

1. Zweck der Neuregelung

Freiberufler, wie Rechtsanwälte, Ärzte u.a., hatten bis 1995 keine andere Wahl. Wollten sie mit Kollegen zusammenarbeiten, stand ihnen im Regelfall nur die – bekannte – Form der BGB-Gesellschaft zur Verfügung. Der Gesetzgeber hat mit dem am 1. 7. 1995 in Kraft getretenen PartGG den Angehörigen Freier Berufe eine besondere, auf ihre Bedürfnisse zugeschnittene Gesellschaftsform zur Verfügung gestellt, weil sich die Anforderungen im heutigen Wirtschaftsleben an die freiberufliche Berufsausübung geändert haben und die bisherigen Kooperationsformen diesen sich wandelnden Rahmenbedingungen nicht mehr gerecht wurden. Die freiberufliche Tätigkeit entspricht der moderner Dienstleistungsunternehmen. Die Zusammenschlüsse von Angehörigen Freier Berufe wachsen dynamisch. Zunehmend sind Spezialisten gefragt. Verbraucher fordern Angebote verschiedener Professionen „aus einer Hand". Dienstleistungen werden nicht mehr nur regional, sondern überregional und international nachgefragt.

Zu einer Partnerschaft können sich u.a. nachfolgend angeführte Freiberufler zusammenschließen:

- Ärzte, Zahnärzte, Tierärzte, Psychotherapeuten, Heilpraktiker, Krankengymnasten, Hebammen
- Mitglieder der Rechtsanwaltskammern
- Steuerberater, Wirtschaftsprüfer, beratende Volks- und Betriebswirte, vereidigte Buchprüfer
- Ingenieure, Architekten, Handelschemiker, hauptberufliche Sachverständige, Lotsen
- Journalisten, Dolmetscher, Lehrer und Künstler
- ähnliche Berufe

Die „Partnerschaft" soll Angehörigen Freier Berufe eine Möglichkeit des Zusammenschlusses bieten, die dem traditionellen Berufsbild des Freien Berufes noch entspricht, andererseits aber modernes und flexibles Reagieren ermöglicht. Die bislang zur Verfügung stehenden Gesellschaftsformen boten – nach Auffassung des Gesetzgebers – für die sich wandelnden Bedingungen keine zufriedenstellende Organisation. Die bisher hauptsächlich von Freiberuflern gewählte Gesellschaft bürgerlichen Rechts eignet sich allenfalls bedingt. Ihre Schwachpunkte: kaum verfestigte Struktur, fehlende Rechtsfähigkeit und die fehlende Möglichkeit einer Haftungsbeschränkung. Die Regelungen der OHG und KG sind sehr auf die Gegebenheiten von Handel und Gewerbe zugeschnitten. Die Leistungserbringung in der Form von Kapitalgesellschaften wird vielfach mit dem Wesen freiberuflicher Tätigkeit als unvereinbar betrachtet, weil sich das Berufsbild des Freiberuflers mit dem des Gewerbetreibenden vermischt (vgl. aber BGH, NJW 1994, 786; BayOBlG, NJW 1995, 199).

Den Freien Berufen wird nunmehr mit der Partnerschaftsgesellschaft, der ersten Neuschöpfung einer Organisationsform im deutschen Gesellschaftsrecht in diesem Jahrhundert, eine zusätzliche Chance zu den bisherigen Gestaltungsformen zur Verfügung gestellt (Lenz, Die Partnerschaft – Alternative Gesellschaftsform für Freiberufler?, MDR 1994, 741 ff.; vgl. auch Lenz in Meilicke/Graf v. Westphalen/Hoffmann/ Lenz, PartGG, München 1995, § 1 Rn. 2 ff.).

Das Partnerschaftsgesellschaftsgesetz richtet sich in erster Linie an die in § 1 Abs. 2 angeführten Freiberufler (nach Schätzung des Instituts für Freie Berufe in Nürnberg, Stand: 1. 1. 1994, ca. 553.000). Da es kein gesichertes Bild der Freien Berufe gibt und der Katalog des § 1 Abs. 2 sehr weit gefaßt ist, kann die Partnerschaftsgesellschaft aber auch die Randgruppen der „freiberuflichen Tätigkeit", z. B. Unternehmensberater, Anlagenberater etc. anziehen (K. Schmidt, Die Freiberufliche Partnerschaft, NJW 1995, 1 ff.).

2. Überblick zur Entstehungsgeschichte

Seit langem wird die Erweiterung der gesellschaftsrechtlichen Gestaltungsmöglichkeiten zugunsten der Freien Berufe diskutiert. Bereits im Jahre 1967 wurden erste Vorschläge zur Schaffung einer „Partnerschaft" formuliert. Ein Entwurf vom Deutschen Bundestag zur Regelung von Freiberufler-Gesellschaften ist 1976, nachdem er bereits vom Bundestag verabschiedet war, schließlich im Bundesrat gescheitert. Am 26. 5. 1994 gelang der Durchbruch. Das Gesetz passierte den Bundestag. Die Ministerialbürokratie sprach vom „Tag der Freien Berufe". Am 10. 6. 1994 stimmte der Bundesrat zu. Das Gesetz ist am 1. 7. 1995 in Kraft getreten.

II. Hinweise zu den Vertragsmustern und Anleitungen

Jeder Partnerschaftsvertrag ist auf die persönlichen Bedürfnisse und Verhältnisse der Partner abzustimmen. Dies gilt insbesondere für die sensiblen Bereiche der Gewinnverteilung, aber auch für die Regelungen über die Trennung von der Partnerschaft. Keinesfalls dürfen die als Orientierungshilfe und zur Erleichterung gedachten Vertragsmuster und Anleitungen ohne konkrete Anpassung an den jeweiligen Einzelfall übernommen werden. Die vorformulierten Muster und Anleitungen wollen und sollen vielmehr die Kernpunkte einer vertraglichen Gestaltung aufzeigen, Denkanstöße bieten und Hilfestellungen geben; sie ersetzen nicht die im Einzelfall gebotene Beratung.

III. Mustervertrag[1] zur Partnerschaft

Partnerschaftsvertrag[2]

zwischen

1.[3] Herrn / Frau Rechtsanwalt(in)[4], Vorname A, Nachname B, Wohnort[5]

2. Herrn / Frau Rechtsanwalt(in), Vorname C, Nachname D, Wohnort

3. Herrn / Frau Steuerberater(in), Vorname E, Nachname F, Wohnort

4. Herrn / Frau Wirtschaftsprüfer(in) und Steuerberater(in), Vorname G, Nachname H, Wohnort

---

1 Der Vertrag bedarf nach § 3 Abs. 1 des „Gesetzes zur Schaffung von Partnerschaftsgesellschaften" (BGBl. 1994, Teil I, 1744 ff., im folgenden kurz: PartGG) der Schriftform.

2 Nach der Formulierung des PartGG könnte sich die Überzeugung bilden, es könnte zutreffender sein, den Begriff „Partnerschaftsgesellschaftsvertrag" zu verwenden. Die recht umständlich („Amtsdeutsch") klingende Bezeichnung wurde gewählt, um Mißverständnissen vorzubeugen, es gehe um Regelungen der nichtehelichen Lebensgemeinschaft (Bösert, ZAP 1994, 775). Da im Text des PartGG selbst allerdings nur von „Partnerschaft" und ausdrücklich (z.B. in § 3 Abs. 2) vom Partnerschaftsvertrag gesprochen wird, wird sich in der Praxis wohl auch dieser Begriff durchsetzen. Aus diesem Grund wird der Vertrag mit „Partnerschaftsvertrag" überschrieben.

3 Partner: Nach § 1 Abs. 1 Satz 1 können Gesellschafter der Partnerschaft nur „Angehörige Freier Berufe" sein. Die Regelung des § 1 Abs. 2 enthält einen Katalog, keine Legaldefinition der „Freien Berufe" im Sinne des PartGG. „Angehörige" einer Partnerschaft können zudem nur natürliche Personen sein (§ 1 Abs. 1 Satz 3). Zu beachten ist allerdings der sogenannte allgemeine Berufsrechtsvorbehalt im Sinne des § 1 Abs. 3: Danach kann die Berufsausübung in der Partnerschaft in Vorschriften über einzelne Berufe ausgeschlossen oder eingeschränkt sein. Nach § 59 a des Gesetzes zur Neuordnung des Berufsrechts der Rechtsanwälte und der Patentanwälte (BRAO) vom 2. 9. 1994 (BGBl. 1994, Teil I, 2278 ff.) dürfen sich z.B. Rechtsanwälte mit Steuerberatern, Steuerbevollmächtigten, Wirtschaftsprüfern und vereidigten Buchprüfern in einer Sozietät zur gemeinschaftlichen Berufsausübung verbinden (vgl. im einzelnen dazu Lenz in Meilicke/Graf v. Westphalen/Hoffmann/Lenz, PartGG, a.a.O., § 1).

4 Nach § 3 Abs. 2 Nr. 2 ist die Angabe des in der Partnerschaft ausgeübten Berufes zwingend.

5 Nach § 3 Abs. 2 Nr. 2 muß der Vertrag den Namen und den Vornamen sowie den Wohnort jedes Partners enthalten.

§ 1 Gegenstand der Partnerschaft[6]

Gegenstand und Zweck der Partnerschaft ist die [interprofessionelle[7]] gemeinschaftliche Beratung und Betreuung von Mandanten auf dem Gebiet des Wirtschaftsrechts[8].

§ 2 Name und Sitz

(1) Die Partnerschaft trägt den Namen: B und Partner[9] – Rechtsanwälte, Wirtschaftsprüfer, Steuerberater.

(2) Die Partnerschaft ist berechtigt, den Namen von Rechtsanwalt B im Falle seines Ausscheidens fortzuführen, sofern ein wichtiger Grund nicht entgegensteht.

(3) Der Sitz[10] der Partnerschaft ist ....

§ 3 Geschäftsjahr, Beginn und Dauer

(1) Das Geschäftsjahr ist das Kalenderjahr[11].

---

6 Nach § 3 Abs. 2 Nr. 3 ist die Angabe des Gegenstandes der Partnerschaft zwingend.

7 Vgl. dazu § 1 Abs. 3. Danach kann die Berufsausübung in der Partnerschaft in Vorschriften über einzelne Berufe ausgeschlossen oder eingeschränkt sein (vgl. dazu Lenz in Meilicke/Graf v. Westphalen/Hoffmann/Lenz, PartGG, a.a.O., § 1, Rn. 107 ff.).

8 Daß die Partner ihre beruflichen Leistungen unter Beachtung des für sie geltenden Berufsrechts erbringen, muß im Vertrag nicht explizit zum Ausdruck gebracht werden. Dies regelt bereits § 6 Abs. 1.

9 Die Zusätze „und Partner", „Partnerschaft" oder auch „& Partner" oder „+ Partner", die nach § 2 I PartGG im Namen enthalten sein müssen, ist nach § 11 Satz 1 PartGG Partnerschaften vorbehalten (BGH NJW 1997, 1854, 1855 mit einer Anmerkung von Lenz, MDR 1997, S. 861, 862.

10 Zwingend gemäß § 3 Abs. 2 Nr. 1. Nach h.M. ist in Anlehnung an das Recht der OHG der Sitz der Ort der Geschäftsführung (vgl. Meilicke in Meilicke/Graf v. Westphalen/Hoffmann/Lenz, a.a.O., § 3, Rn. 20: Wählbar ist jeder Ort, an dem die Partnerschaft ein Büro unterhält).

11 Die Frage, ob Partnerschaftsgesellschaften den Gewinn nach einem vom Kalenderjahr abweichenden Wirtschaftsjahr ermitteln können, beantwortet das Bundesfinanzministerium wie folgt (BMF-Schreiben vom 21. 12. 1994 – IV B 2 – S 2115 – 6/94, abgedruckt, DB 1995, 183):
Nach § 4 a Abs. 1 Nr. 2 EStG ist bei Gewerbetreibenden, deren Firma im Handelsregister eingetragen ist, das Wirtschaftsjahr der Zeitraum, für den sie regelmäßig Abschlüsse machen. Das Wirtschaftsjahr entspricht daher grundsätzlich dem Geschäftsjahr (§ 240 Abs. 2 Satz 1, § 242 HGB). Bei anderen Gewerbetreibenden und bei selbständig Tätigen ist das Wirtschaftsjahr das Kalenderjahr (§ 4 a Abs. 1 Nr. 3 EStG).

(2) Die Partnerschaft beginnt ihre Tätigkeit nach außen mit der Eintragung im Partnerschaftsregister [**alternativ**: am ....][12].

(3) Der Partnerschaftsvertrag wird auf unbestimmte Zeit geschlossen.

[**alternativ**: Die Partnerschaft wird zunächst auf 8 Jahre [oder: .....] eingegangen. Der Vertrag verlängert sich um jeweils 2 Jahre, wenn die Partnerschaft nicht spätestens 9 Monate vor Vertragsende schriftlich allen Partnern gegenüber gekündigt wird.]

§ 4 Einlagen und Anteile

(1) Herr / Frau F leistet eine Bareinlage von DM 30.000, die zum ....[13] auf das Konto der Partnerschaft bei der .... Bank in .... zu zahlen ist.

(2) Herr / Frau D bringt in die Gesellschaft einen Kopierer[14], Marke: ...., Alter..... im Wert[15] von DM 15.000 ein[16].

Eine Partnerschaft ist nach § 1 Abs. 1 PartGG eine Gesellschaft, in der sich Angehörige Freier Berufe zur Ausübung ihrer Berufe zusammengeschlossen haben. Steuerrechtlich erzielt die Partnerschaft grundsätzlich Einkünfte aus selbständiger Arbeit (§ 18 EStG). Der Gewinnermittlungszeitraum für diese Einkünfte ist daher stets das Kalenderjahr (§ 4 a Abs. 1 Nr. 3 EStG). Dies gilt auch, wenn die Einkünfte der Partnerschaft aufgrund berufsfremder Tätigkeiten (z.B. Treuhandtätigkeiten) oder wegen Beteiligung berufsfremder Personen steuerrechtlich als Einkünfte aus Gewerbebetrieb (§ 15 EStG) zu qualifizieren sind. Da die Partnerschaft nicht im Handelsregister eingetragen ist, kann sie auch in diesem Fall den Gewinn nicht in einem vom Kalenderjahr abweichenden Wirtschaftsjahr ermitteln. Die Eintragung im Partnerschaftsregister steht der Eintragung im Handelsregister insoweit nicht gleich (nicht unbedenklich).

12 Nach § 7 Abs. 1 wird die Partnerschaft im Verhältnis zu Dritten mit der Eintragung wirksam. Um Problemen aus dem Weg zu gehen, erscheint es ratsam, mit dem Zeitpunkt der Eintragung die Geschäfte beginnen zu lassen.

13 Im Zweifel sind die Bareinlagen sofort fällig, § 271 Abs. 1 BGB. Bei verspäteter Zahlung fallen Zinsen an (§ 111 HGB).

14 Statt einer Bareinlage kann auch die *Einbringung von Sachen* vereinbart werden, so etwa Inventar oder auch die Einbringung einer gesamten Praxis. Soweit nichts anderes vereinbart ist, gelten bei Mängeln der einzubringenden Gegenstände die Vorschriften über die Gewährleistung (§§ 459 ff. BGB).

15 Die Bewertung der Beiträge obliegt den Partnern; bei krassen Mißverhältnissen zwischen dem Verkehrswert und dem vereinbarten Wert der Sacheinlage kann das Finanzamt Umbewertungen veranlassen.

16 Statt dessen könnte auch ein Gebrauchsüberlassungsvertrag geschlossen werden. In diesem Fall überläßt der Partner den Kopierer wie ein Dritter und erhält dafür Miet-

(3) Herr / Frau B und Herr / Frau H bringen ihr bisheriges Inventar unter Ausschluß jedweder Gewährleistung zu Eigentum der Partnerschaft ein. Dieses Inventar wird in der als Anlage 1 dem Vertrag beigefügten Liste im einzelnen bezeichnet.

(4) Die Anteile der Gesellschafter bestimmen sich wie folgt:

a) Rechtsanwalt B : 30 %
b) Rechtsanwältin D : 15 %
c) Steuerberater F : 25 %
d) Wirtschaftsprüfer und Steuerberater H : 30 %

(5) Der Anteil eines Partners ist nur mit Zustimmung aller Partner an Dritte übertragbar, auch wenn diese die erforderlichen beruflichen Voraussetzungen erfüllen.

§ 5 Tätigkeitsumfang

(1) Die Partner verpflichten sich – mit Ausnahme von Rechtsanwältin D – wechselseitig, der Partnerschaft ihre volle Arbeitskraft [**alternativ**: wöchentlich ... Stunden] zur Verfügung zu stellen. Rechtsanwältin D verpflichtet sich, zumindest halbtags ihre Arbeitskraft einzubringen[17].

[**alternativ**: Rechtsanwältin D erbringt wöchentlich 25 Stunden.]

(2) Nebentätigkeiten eines Partners von insgesamt wöchentlich mehr als 5 Stunden sind nur mit Zustimmung der anderen Partner zulässig.

§ 6 Beschlußfassung, Stimmrecht, Partnerversammlung

(1) Die Partner entscheiden über die Angelegenheiten der Partnerschaft durch Beschluß. Beschlüsse werden – soweit in diesem Vertrag nichts anderes geregelt ist – mündlich gefaßt. Sofern ein Partner dies beantragt, werden die Beschlüsse schriftlich protokolliert[18].

---

zins bzw. Pachtzins oder ggf. eine Lizenzgebühr. Ertragsteuerlich werden beide Fälle gleich behandelt (§ 15 Abs. 1 Nr. 2 EStG).

17 Diese Formulierung ist gewählt worden, um ausdrücklich zu dokumentieren, daß auch Partnerinnen Gesellschafter werden können, die neben dem Beruf familiäre Belange berücksichtigen müssen.

18 Es empfiehlt sich, Beschlüsse schriftlich festzuhalten, insbesondere wenn sie den Partnerschaftsvertrag abändernden Charakter haben; vgl. auch § 3 Abs. 1.

(2) Die Beschlüsse bedürfen der Zustimmung aller Partner[19], sofern nicht nach diesem Vertrag bestimmte Partner von der Entscheidung ausgeschlossen sind.

[**alternativ**: Die Beschlüsse bedürfen der Zustimmung der Mehrheit der Stimmen aller Partner[20]. [ergänzend: Das Stimmrecht der Partner entspricht dem jeweiligen Gewinnanteil.]

(3) Die Partner fassen die Beschlüsse in der Partnerversammlung[21], die regelmäßig an jedem ersten Werktag des Monats [**alternativ**: vierzehntägig oder wöchentlich (Wochentag)] abgehalten wird. Außerordentliche Partnerversammlungen werden durchgeführt, wenn ein Partner dies schriftlich beantragt oder/und die Angelegenheiten der Partnerschaft eine außerordentliche Sitzung erfordern.

§ 7 Geschäftsführung[22] und Vertretung[23]

(1) Zur Geschäftsführung und zur Vertretung der Partnerschaft ist jeder Partner berechtigt und verpflichtet[24]. [**alternativ**: Mit der

---

19 Diese Regelung folgt bereits aus § 6 Abs. 3 i.V.m. § 119 Abs. 1 HGB und hat rein deklaratorische Bedeutung. Der Grundsatz der Einstimmigkeit dürfte insbesondere bei kleineren Partnerschaftsgesellschaften angemessen erscheinen.

20 Bei dieser Alternative ist nach § 6 Abs. 3 i.V.m. § 119 Abs. 2 HGB, wenn nichts weiter geregelt ist, die Mehrheit nach der Kopfzahl der Partner zu berechnen. Sollen die Gesellschaftsanteile den Ausschlag geben, ist dies vertraglich zu regeln.

21 Zwingend ist die Durchführung einer Partnerversammlung zur Beschlußfassung nicht. Bei größeren Partnerschaften erscheint eine solche formalisierte Vorgehensweise allerdings empfehlenswert.

22 Nach § 6 Abs. 2 können einzelne Partner vertraglich nur von der Führung der „sonstigen Geschäfte" ausgeschlossen werden. Gemeint sind damit die nicht typischerweise mit der Ausübung des Freien Berufes zusammenhängenden Geschäfte. Ein weitergehender Ausschluß von der Geschäftsführung wäre mit der Ausübung des Freien Berufes unvereinbar. Nach § 6 Abs. 3 in Verbindung mit § 116 Abs. 1 HGB umfaßt die Geschäftsführung alle Handlungen, die der gewöhnliche Betrieb der Partnerschaft mit sich bringt, etwa Vertragsschlüsse mit Mandanten / Kunden, Anmietung von Räumen, Personalfragen und die damit zusammenhängenden Hilfsgeschäfte, vgl. aber auch § 116 Abs. 2 HGB.

23 Die Vertretung regelt § 7 Abs. 3 i.V.m. § 125 Abs. 1, 2 und 4 sowie der §§ 126 und 127 HGB, Grundsatz: Alleinvertretungsbefugnis der Partner. Bei größeren Partnerschaften sollte die alternative Fassung gewählt werden.

24 Bei kleineren Partnerschaften kann es bei der gesetzlichen Vorgabe (vgl. § 114 Abs. 1 HGB) bleiben (vgl. § 6).

10

Geschäftsführung und der Vertretung der Partnerschaft wird .... betraut[25].]

(2) Die Partner betreuen die Mandanten jeweils selbständig und eigenverantwortlich, sofern im Einzelfall nichts anderes beschlossen wird.

§ 8 Mandate

(1) Die bisherigen Mandate der Partner werden in die Partnerschaft eingebracht, soweit die Mandanten zustimmen. Fehlt die Zustimmung der Mandanten, bleiben diese Mandate nach außen solche des jeweils berechtigten Partners. Im Innenverhältnis wird das Mandat für Rechnung der Partnerschaft übernommen[26].

(2) Alle Mandate – vorbehaltlich des Satzes 2 – werden auf die Partnerschaft übertragen. Straf- und Bußgeldmandate[27] übernimmt der beauftragte Partner im Außenverhältnis allein; im Innenverhältnis werden sie aber für Rechnung der Partnerschaft geführt.

§ 9 Haftung[28]

(1) Bei Vertragsabschlüssen mit Dritten [oder: Mandanten, Patienten etc. ...] ist die Haftung der Partnerschaft durch vorformulierte AGB auf den Partner zu beschränken, der innerhalb der Partner-

---

25 Die Übertragung der Geschäftsführung und Vertretung auf einen oder mehrere Partner wird bei Zusammenschlüssen von Freiberuflern die Ausnahme bleiben. Immerhin ist der Ausschluß einzelner Partner – vorbehaltlich der Regelung des § 6 Abs. 2 zulässig, vgl. auch Fußnote 22. Die Geschäftsführung wird grundsätzlich auch dann nicht vergütet, wenn sie einem Partner zugewiesen ist, es sei denn, es besteht eine besondere Vergütungsregelung im Vertrag. Praktikabler erscheint die Berücksichtigung im Rahmen der Gewinnverteilung.

26 Die sich zusammenschließenden Partner haben bei der Einbringung die im Interesse des Individualschutzes getroffenen Geheimhaltungsregeln (z.B. § 203 StGB: Verletzung von Privatgeheimnissen) zu beachten.

27 Wegen § 137 Abs. 1 StPO und § 46 OWiG erscheint die Regelung sinnvoll.

28 § 8 Abs. 1 ist § 128 HGB nachgebildet, so daß wohl auch der Rechtsgedanke von § 128 Satz 2 HGB zur Anwendung gelangen könnte (str.), nach dem abweichende Vereinbarungen der Partner Dritten gegenüber unwirksam sind. Vgl. auch § 130 Abs. 2 HGB, demzufolge die Haftung des eintretenden Gesellschafters ebensowenig mit Wirkung Dritten gegenüber abbedungen werden kann. Die Gesellschafter können insoweit lediglich Ausgleichpflichten im Innenverhältnis schaffen (Baumbach/Hopt, Handelsgesetzbuch, 29. Aufl., München 1995, § 12).

schaft die betreffende Leistung zu erbringen oder verantwortlich zu leisten und zu überwachen hat[29].

[**alternativ**: Die Partner sollen die Haftung nach § 8 Abs. 1 Partnerschaftsgesellschaftsgesetz für Ansprüche aus Schäden wegen fehlerhafter Berufsausübung unter Verwendung vorformulierter Vertragsbedingungen auf den von ihnen beschränken, der innerhalb der Partnerschaft die berufliche Leistung zu erbringen oder verantwortlich zu leiten und zu überwachen hat.]

[**alternativ**: Die Partner[30] sind verpflichtet, bei allen Verträgen mit Dritten ihre Haftung nach § 8 Abs. 1 Partnerschaftsgesellschaftsgesetz für Ansprüche aus Schäden wegen fehlerhafter Berufsausübung unter Verwendung vorformulierter Vertragsbedingungen auf den von ihnen zu beschränken, der innerhalb der Partnerschaft die berufliche Leistung zu erbringen oder verantwortlich zu leiten und zu überwachen hat. Ausnahmen von diesem Grundsatz erfordern die Zustimmung aller [oder: „der Partner B und H"] Partner.]

[**alternativ**: Bei Vertragsabschlüssen mit Dritten [oder: mit Mandanten, Patienten etc. ....] ist [nach den in Anlage 2 beigefügten und zu verwendenden Mustern der Allgemeinen Geschäftsbedingungen] die Haftung von der überörtlichen Partnerschaft auf die Partner der betroffenen örtlichen Sozietät zu beschränken[31].]

[**alternativ**: Bei Vertragsabschlüssen mit Dritten [oder: mit Mandanten, Patienten etc. ...] ist [nach den in Anlage 2 beigefügten und zu verwendenden Mustern der Allgemeinen Geschäftsbedingun-

---

29 Die Möglichkeit der Haftungsbeschränkung im Außenverhältnis zu Dritten schafft § 8 Abs. 2. Aus diesem Grunde erscheint eine Regelung im Partnerschaftsvertrag darüber sinnvoll, wie im Außenverhältnis von der Haftungsbeschränkung Gebrauch zu machen ist. Man kann diese in Form einer „Kann"- oder „Soll-Bestimmung" fassen oder für alle Fälle verbindlich regeln, daß stets durch AGB die Haftung zu konzentrieren ist.

30 Es erscheint sehr wichtig, bereits im Partnerschaftsvertrag genau zu bestimmen, welche Partner berechtigt sind, die Haftungskonzentration bewirkende Vereinbarungen mit Dritten abzuschließen, weil der Partner, der eine Haftungsvereinbarung i. S. d. § 8 Abs. 2 abschließt, ein nicht unerhebliches Risiko trägt: Er muß vorhersehen, welcher Partner die berufliche Leistung erbringt, die die Ursache eines gegen die Partnerschaft und gegen die Partner gerichteten Schadenersatzanspruches wegen fehlerhafter Berufsausübung sein kann. Durch klare Kompetenzverteilungen im Partnerschaftsvertrag lassen sich Regreßansprüche im Innenverhältnis vermeiden.

31 Vgl. dazu Seibert, DB 1994, 2384.

gen] die Haftung durch vorformulierte Allgemeine Geschäftsbedingungen in der interprofessionellen Partnerschaft auf diejenige Berufsgruppe der Partner zu beschränken, die von dem Mandat betroffen ist[32].]

(2) Die geschlossenen Haftungsvereinbarungen sind von ..... [den geschäftsführenden Partnern] im Abstand von .... [ständig] mit dem Ziel zu überprüfen, festzustellen, ob die handelnden Partner [noch] als Leistungserbringer oder als verantwortlich leitende oder überwachende Partner benannt sind[33].

(3) Die Partnerschaft schließt zugunsten aller Partner und den angestellten Rechtsanwälten eine Berufshaftpflichtversicherung in Höhe von DM 2 Millionen .... ab[34].

[**alternativ**: ... Berufshaftpflichtversicherungen mit angemessener Deckungssumme ab. Über die Angemessenheit der Deckungssumme entscheiden die Partner durch Beschluß.]

(4) Sobald berufsrechtliche gesetzliche Regelungen geschaffen werden, die eine Beschränkung der Haftung für Ansprüche aus Schäden wegen fehlerhafter Berufsausübung auf einen bestimmten Höchstbetrag zulassen i.S.d. § 8 Abs. 3 Partnerschaftsgesellschaftsgesetz[35], wird die Berufshaftpflichtversicherung in der erforderlichen Höhe abgeschlossen und von der Haftungsbeschränkungsmöglichkeit Gebrauch gemacht.

(5) Im Verhältnis der Partner untereinander gilt für Fälle, in denen kein versicherungsrechtlicher Deckungsschutz besteht, daß der

---

32 Vgl. dazu Seibert, DB 1994, 2384.

33 Insbesondere bei langandauernden Aufträgen oder solchen mit wechselnden Bearbeitern innerhalb der Partnerschaft erscheint eine solche Regelung sinnvoll. Auf diese Weise können Überraschungen vermieden und die entsprechenden Konsequenzen gezogen werden.

34 Fakultativ regelmäßig zwischen 4–10 Mio. DM.

35 Die Regelung des § 8 Abs. 3 trägt dem Haftungsrisiko Rechnung, indem die Haftung für berufliche Fehlleistungen auf bestimmte (Versicherungs-)Höchstsummen begrenzt werden kann, vgl. dazu die einschlägigen Regelungen des Berufsrechts, z.B. § 51 a Abs. 1 BRAO; 45 a Abs. 1 PAO; § 67 a Abs. 1 StBerG; § 54 a Abs. 1 WPO.

verursachende Partner bei Vorsatz und grober Fahrlässigkeit allein haftet, die Partnerschaft die Haftung aber bei lediglich leicht fahrlässigem Handeln übernimmt[36].

§ 10 Einnahmen und Ausgaben der Partnerschaft

(1) Sämtliche Einnahmen der Partner, die diese aus ihrer jeweiligen Berufstätigkeit nach Beginn der Partnerschaft bis zum Ende der Mitgliedschaft oder zum Ende der Partnerschaft erzielen, sind Einnahmen der Partnerschaft. Dies gilt auch für Einnahmen aus der Tätigkeit als Schiedsrichter und Testamentsvollstrecker [...], nicht aber für Vortrags- und schriftstellerische Nebentätigkeiten; ebensowenig gehören zu den Einnahmen der Partnerschaft Vergütungen aus Aufsichtsrats- bzw. Beiratsmandaten [...][37].

(2) Zu den Ausgaben der Partnerschaft gehören insbesondere die Personalkosten, die Miete für die Praxisräume, die Prämien der Berufshaftpflichtversicherung[38], die Aufwendungen für das Inventar und sonstige Betriebsmittel (Strom, Wasser, Telefon etc.). Zu den Betriebskosten gehören auch Kammerbeiträge[39]. Fortbildungs- und Seminarkosten tragen die Partner persönlich. [**alternativ**: Welche Fortbildungs- und Seminarkosten Betriebskosten sind, entscheiden die Partner durch Beschluß im Einzelfall[40].]

(3) Kraftfahrzeuge bleiben Eigentum des jeweiligen Partners. Die damit verbundenen Kosten trägt jeder Partner selbst.

---

36 Mangels expliziter Regelung im PartGG haftet der handelnde Partner aus positiver Vertragsverletzung bzw. § 823 BGB (Lenz, MDR 1994, 741, 744; vgl. auch K. Schmidt, NJW 1985, 1 ff., 6). Im Innenverhältnis haftet er daher allein. Es erscheint angemessen, im Falle leichter Fahrlässigkeit (oder bei „diligentia quam in suis", vgl. § 277 BGB), der Partnerschaft dieses Risiko zu überbürden (vgl. auch Stucken, WiB 1994, 748).
37 Was im einzelnen der Partnerschaft zugute kommt, kann konkret dargestellt werden.
38 Gegebenenfalls weitere Versicherungen: Betriebsunterbrechungsversicherung, Hausrat- und Gebäudeversicherungen etc.
39 Diese Regelung betrifft nur die verkammerten Berufe.
40 So auch Stucken, WiB 1994, 745.

§ 11 Buchführung

Die Buch- und Kontenführung[41] obliegt allen Partnern gemeinschaftlich[42].

[den Partnern B und H. Die übrigen Partner werden über die Entwicklung der Geschäfte im Rechnungsjahr je nach Dringlichkeit, spätestens aber vierteljährlich, zum 1. des Quartalsbeginns unterrichtet.]

§ 12 Tätigkeitsvergütung

(1) Jeder Partner erhält in dem laufenden Geschäftsjahr eine Tätigkeitsvergütung als Voraus zu Lasten seines Gewinnanteils. Die Höhe der Tätigkeitsvergütung wird für jeden Partner gesondert[43] durch einstimmigen Beschluß aller[44] Partner bestimmt. Sie soll [darf] ... % des im abgelaufenen Geschäftsjahr auf den jeweiligen Partner entfallenen Gewinns nicht überschreiten.

---

41 Die Kontenführung gehört nicht zu den zwingend zu regelnden Bereichen. Der Vollständigkeit halber könnten die Partner jedoch auch eine Regelung über die „Konten der Partner" aufnehmen. Diese könnte wie folgt gefaßt sein:
Konten der Partner
(1) Für die Partner werden folgende Konten errichtet: Kapitalkonto I, Verlustvortragskonto, Kapitalkonto II und Privatkonto.
(2) Kapitaleinlagen der Partner werden auf Kapitalkonto I gebucht. Das Konto ist maßgebend für die Beteiligung am Ergebnis, Vermögen und einem evtl. Auseinandersetzungsguthaben.
(3) Verlustanteile der Partner werden auf die Verlustvortragskonten gebucht.
(4) Vom Gewinnanteil der Partner werden je ...% auf Kapitalkonto II gebucht. ... (was der Stärkung des Eigenkapitals dienen soll; die auf diesem Konto gebuchten Beträge haben Einlagencharakter).
(5) Alle sonstigen die Partner betreffenden Buchungen, insbesondere Entnahmen, Einlagen, Gewinne (soweit nicht auf Kapitalkonto II bzw. auf dem Verlustvortragskonto gutgeschrieben) u. ä. werden auf Privatkonten gebucht. ....(Das Privatkonto ist eine variable Größe; darauf werden Entnahmen und Einlagen verbucht).
Vgl. zum Umfang des Kapitalkontos i.S.d. § 15 a Abs. 1 Satz 1 EStG, BMF-Schreiben vom 24. 11. 1993 (BStBl. I, 1993, 934).
42 Bei größeren Partnerschaften erscheint die Übertragung auf einen oder mehrere Partner sinnvoll.
43 Diese Wendung soll sicherstellen, daß auf individuelle wirtschaftliche Belange eines Partners Rücksicht genommen werden kann.
44 Bei finanziellen Regelungen empfiehlt es sich, alle Partner zu beteiligen.

(2) Die Tätigkeitsvergütung wird in 13 Monatsraten, jeweils zum Ende des Monats, die 13. Monatsrate mit der Novemberrate ausgezahlt.

(3) Wird ein Partner infolge Krankheit oder Berufsunfähigkeit an seiner Tätigkeit gehindert, so verliert er dadurch nicht den Anspruch auf Tätigkeitsvergütung bis zur Dauer von 6 Wochen. Wird der Partner binnen des Geschäftsjahres mehrfach infolge derselben Krankheit tätigkeitsunfähig, so verliert er den Anspruch für insgesamt 6 Wochen nicht[45].

§ 13 Jahresabschluß

(1) Die Partner erstellen innerhalb von 4 [oder: 8] Monaten nach Schluß des Geschäftsjahres den Jahresabschluß (Einnahmen-Überschußrechnung) [**alternativ**: (Bilanz, Gewinn- und Verlustrechnung)] und legen diesen allen Partnern zur Feststellung vor[46].

(2) Kommt ein einstimmiger Beschluß aller Partner binnen eines Monats nach Vorlage nicht zustande, so erfolgt die Feststellung des verbindlichen Jahresabschlusses auf Antrag eines Partners durch einen von der Industrie- und Handelskammer in .... zu benennenden Wirtschaftsprüfer als Schiedsgutachter auf Kosten der Partnerschaft.

§ 14 Gewinn- und Verlustbeteiligung[47], Rücklage

(1) Der im festgestellten Jahresabschluß ausgewiesene Gewinn verteilt sich wie folgt:

---

45 Eine finanzielle Regelung bei Krankheiten von Partnern sollte im Rahmen des Vertrages berücksichtigt werden. Alternative Lösungen bieten sich insbesondere dann an, wenn aufgrund von Versicherungsleistungen das Einkommen eines erkrankten Partners gesichert erscheint. Die vorgeschlagene Regelung orientiert sich an § 1 Lohnfortzahlungsgesetz.

46 Die Partnerschaft ist nicht analog §§ 238 ff. HGB verpflichtet, Handelsbücher zu führen oder Bilanzen zu erstellen; vgl. auch § 140 AO. Vielmehr besteht die Möglichkeit, den Gewinn der Partnerschaft nach dem Überschuß der Betriebseinnahmen über die Betriebsausgaben nach § 4 Abs. 3 EStG (Einnahmen-Überschußrechnung) zu ermitteln. Insoweit ist § 721 BGB über § 1 Abs. 4 anwendbar. Partnerschaften, die nach der Abfärbetheorie ertragsteuerlich nach § 15 EStG als Gewerbetreibende angesehen werden, trifft allerdings nach § 141 AO eine Buchführungspflicht.

47 Die Gewinnverteilung ist ein entscheidender Teil des Partnerschaftsvertrages, zugleich ein äußerst sensibler Regelungspunkt. Deshalb sollte die Gewinnverteilung auf den Einzelfall sorgfältig zugeschnitten werden. Zu einzelnen Gewinnverteilungs-

16

Partner B .... %
Partner D .... %
Partner F .... %
Partner H .... %

(2) Die Partnerschaft bildet eine gemeinschaftliche Rücklage[48] in Höhe von .... % des im festgestellten Jahresabschluß ausgewiesenen Gewinns. Die Partner bilden die Rücklage entsprechend ihrer Quote gemäß Abs. 1[49].

(3) Die Gewinnausschüttung findet nach Abzug der Rücklage unter Anrechnung der vorab gewährten Tätigkeitsvergütung statt.

(4) Der Verteilungsschlüssel des Gewinns sowie die Höhe der Rücklage werden jährlich durch einstimmigen Beschluß aller Partner angepaßt[50].

(5) An dem Verlust sind die Partner in gleichem Verhältnis beteiligt wie am verbleibenden Gewinn. Etwaige Verluste sind binnen 14 Tagen nach Feststellung des Jahresabschlusses durch die Partner gemäß ihrer Gewinnbeteiligungsquote auszugleichen. Tritt ein Verlust nur insofern ein, als daß bei einzelnen Partnern die vorab gewährte Tätigkeitsvergütung den ihnen nach dem Verteilungsschlüssel zustehenden Gewinnanteil übersteigt, so gilt die Ausgleichspflicht nur für diese Partner [**alternativ:** .... so verbleibt diesen Partnern die Tätigkeitsvergütung[51]].

[alternativ:

(1) An den Überschüssen und Verlusten, die nach Abzug der Tätigkeitsvergütung gemäß dem verbindlichen Jahresabschluß verblei-

---

systemen vgl. etwa Römermann, Entwicklungen und Tendenzen bei Anwaltsgesellschaften, S. 59 ff.

48 Sinn der Rücklage ist es, bei Einnahmeengpässen die laufenden Betriebsausgaben aus dem Gesellschaftsvermögen erbringen zu können, ohne auf das Privatvermögen der Partner zurückgreifen zu müssen.

49 Es sollte klargestellt werden, ob alle Partner in gleicher Höhe zur Bildung der Rücklage beitragen müssen oder ob sich ihre Beteiligung nach ihrem Anteil richtet.

50 Die Vorschrift stellt sicher, daß die Gewinnverteilung (auch) der Leistung entspricht.

51 Diese Regelung stellt klar, wie bei Verlusten einzelner Partner zu verfahren ist. Die Alternative verlagert das Risiko der vorab gewährten Tätigkeitsvergütung auf die Partnerschaft.

ben, nehmen die Partner im Verhältnis ihrer Beteiligung an der Partnerschaft [**alternativ**: nach der Anzahl der Partner[52]] teil. Alle zwei Jahre nach Beginn der Partnerschaft werden die Beteiligungsquoten von den Partnern überprüft und durch Beschluß neu festgelegt. Kommt ein einstimmiger Beschluß aller Partner nicht zustande, so gelten die Beteiligungsquoten fort.

(2) Die Partnerschaft bildet eine Rücklage in Höhe von .... [**alternativ**: bis zur Höhe der Betriebsausgaben für den Zeitraum von 3 Monaten, gemessen an den durchschnittlichen Betriebsausgaben für das abgelaufene Geschäftsjahr ohne Umsatzsteuer]. Um die Rücklage zu bilden, behält die Partnerschaft, bis die festgelegte Grenze erreicht ist, von dem Gewinnanteil jedes Partners 10 % [....] ein[53]. Die Auflösung der Rücklagen bedarf der Zustimmung aller Partner.

(3) Die verbleibenden Gewinnanteile sind nach Feststellung des Geschäftsabschlusses und nach Bedienung der Rücklage innerhalb von 14 Tagen auszuzahlen. Etwaige Verluste sind binnen 14 Tagen nach Feststellung des Jahresabschlusses durch die Partner gemäß ihrer Gewinnbeteiligungsquote auszugleichen[54]].

§ 15 Kontrollrechte der Partner

(1) Jeder Partner kann sich zur Ausübung des ihm gesetzlich zustehenden Kontrollrechts eines zur Berufsverschwiegenheit verpflichteten Sachverständigen bedienen[55].

(2) Die bei der Ausübung des Kontrollrechts entstehenden Kosten hat stets der die Einsicht begehrende Partner zu tragen[56].

---

52 Bei Gleichgewichtigkeit der Partner scheint eine Verteilung nach der Anzahl sachgerecht; andere Kriterien können sein: Umsatz, Dauer der Zugehörigkeit zur Partnerschaft.

53 Vgl. die Klarstellung im Grundmuster, § 14 Abs. 2.

54 Vgl. die Klarstellung im Grundmuster, § 14 Abs. 2.

55 Vgl. § 6 Abs. 3 i.V.m. § 118 HGB; darüber hinaus sind nach § 1 Abs. 4 die §§ 713, 666 BGB und letztlich wohl auch § 810 BGB anwendbar. Obwohl die Informationsrechte höchstpersönlich und nicht übertragbar sind, ist mittlerweile die Hinzuziehung Dritter als Sachverständige gerichtlich anerkannt (BGHZ 25, 115; BGH, BB 1984, 1274). Geeignet ist ein Sachverständiger, der berufsrechtlich zur Verschwiegenheit verpflichtet ist (BGH, BB 1962, 899).

56 Die Kostentragungspflicht kann zweifelhaft sein; insoweit könnte nach der jeweiligen Vertragsgrundlage für die Ausübung, z.B. Einsichtsrecht nach § 118 HGB und Aus-

§ 16 Urlaub[57]

(1) Jedem Partner steht ein Jahresurlaub von .....(Werktagen/Wochen) zu, der unter Berücksichtigung des Geschäftsanfalls im jeweils laufenden Geschäftsjahr genommen werden soll.

(2) Nach fünfjähriger Zugehörigkeit zur Partnerschaft erhöht sich der Urlaubsanspruch auf ...., nach 10 Jahren auf ...., nach Erreichung des 50. Lebensjahres auf mindestens .....

§ 17 Eintritt weiterer Partner

(1) In die Partnerschaft eintretende Partner werden durch einstimmigen, schriftlich niederzulegenden Beschluß aller Partner aufgenommen. Der Beschluß regelt auch die Einzelheiten der Aufnahme[58].

(2) Der neu eintretende Partner haftet für die bis zur Eintragung seiner Person im Partnerschaftsregister entstandenen Verbindlichkeiten der Partnerschaft nicht[59].

---

kunftsbegehren nach §§ 713, 666 BGB differenziert werden. Um Klarheit zu schaffen, erscheint eine eindeutige Kostentragungsklausel sinnvoll.

57 Eine Urlaubsregelung ist nicht zwingend erforderlich, sollte aber im Interesse einer möglichst gerechten Verteilung der Arbeitslast vorgesehen werden.

58 Nach § 8 Abs. 1 Satz 2 findet § 130 HGB entsprechende Anwendung. Nicht geregelt ist, in welcher Weise sich der Eintritt vollzieht. Alternativen: Aufnahmevertrag zwischen neu eintretendem und den übrigen Partnern (was zur Änderung des ursprünglichen Vertrags führt! Schriftform beachten! Vgl. dazu Baumbach/Hopt, a.a.O., § 105, Rdn. 67 m.w.N.); nur selten wird demgegenüber vertraglich einem Partner das Recht eingeräumt, einen Dritten als neues Mitglied aufnehmen zu können, sog. Präsentationsrecht (vgl. RGRK-HGB/Fischer, § 130 Anm. 6); dieses soll dem Partner schon zu Lebzeiten die Gelegenheit geben, einen konkreten Nachfolger zu bestimmen; daneben kommt – als weitere Regelungsmöglichkeit – die Einräumung eines Eintrittsrechts für einen Dritten in Betracht: Zwischen den Beteiligten wird in diesem Falle ein Vorvertrag geschlossen mit der Option zugunsten des Dritten, innerhalb einer bestimmten Frist zu entscheiden, ob er in die Partnerschaft eintreten will.

59 Der Eintretende haftet Dritten gegenüber nach §§ 128, 129 HGB nicht nur für neue, sondern auch für Altschulden (§ 130 Abs. 1 HGB). Von § 130 Abs. 1 HGB abweichende Vereinbarungen der bisherigen Partner und des neu eintretenden Partners sind Dritten gegenüber unwirksam. Durch die vorgeschlagene Regelung wird der neu eintretende Partner im Innenverhältnis von den übrigen Partnern freigestellt. Eine solche Regelung empfiehlt sich zum Schutze des neu eintretenden Partners, der regelmäßig keinen Einblick in die Verbindlichkeiten der Partnerschaft hat.

§ 18 Kündigung eines Partners[60]

(1) Die Partnerschaft kann von jedem Partner unter Einhaltung einer Kündigungsfrist von 9 Monaten[61] zum Schluß eines Kalenderjahres gekündigt werden[62]. Die Kündigung ist schriftlich [**alternativ**: durch eingeschriebenen Brief] jedem Partner gegenüber zu erklären.

(2) Ein wichtiger Grund[63] berechtigt jeden Partner, die Partnerschaft ohne Einhaltung einer Frist zu kündigen[64]. Ein wichtiger Grund ist insbesondere gegeben, wenn ....[65]

(3) Kündigt ein Partner [**alternativ**: wirksam] die Partnerschaft, steht den übrigen Partnern das Recht zu, sich der Kündigung durch eine schriftliche Erklärung, die den anderen Partnern innerhalb von zwei Monaten nach Erhalt der Kündigung zugegangen sein muß, anzuschließen[66].

(4) Die Partnerschaft wird von den verbleibenden Partnern fortgeführt. Der Anteil des ausscheidenden Partners wächst den übrigen Partnern entsprechend ihrer Beteiligung zu, soweit von diesen nichts anderes beschlossen wird.

---

60 Die ordentliche Kündigung eines Vertragspartners kommt nicht in Betracht, wenn die Partnerschaft, entsprechend der Alternative zu § 3 Abs. 3 dieses Mustervertrages, zunächst auf eine fest vereinbarte Laufzeit abgeschlossen worden ist.

61 Eine möglichst lange Frist erscheint gerade bei kleinen Partnerschaften notwendig, um einen geregelten Fortgang der Geschäfte sicherstellen zu können. Nach § 9 Abs. 1 i.V.m. § 132 HGB muß mindestens eine sechsmonatige Frist eingehalten werden.

62 Vgl. § 132 HGB.

63 Die Kündigung aus wichtigem Grund kann auch bei fest vereinbarter Vertragslaufzeit nicht ausgeschlossen werden. Nach § 9 Abs. 1 i.V.m. §§ 131 ff. HGB besteht kein außerordentliches Kündigungsrecht der Partner, sondern lediglich die Auflösungsklage (§ 133 HGB).

64 Eine solche Regelung drängt sich auf, weil nach Gesetz (§ 9 Abs. 1 i.V.m. §§ 131–144 HGB) ansonsten nur die Möglichkeit besteht, Auflösungsklage zu erheben; diese Regelung scheint § 723 BGB, § 1 Abs. 4 zu verdrängen.

65 Wenn die Fortsetzung dem Kündigenden nach Treu und Glauben nicht zuzumuten ist, z.B. weil der Geschäftsführer seine Vollmacht mißbraucht (vgl. dazu: BGH, WM 1985, 997), oder etwa wenn der Geschäftsführer die Partnerschaft schädigt oder gefährdet. Zerwürfnisse können genügen, jedenfalls dann, wenn ein gedeihliches Zusammenwirken nicht mehr zu erwarten ist.

66 Auf diese Weise erhält ein Partner, der dem Kündigenden nahe steht oder ohne diesen die Partnerschaft nicht weiterführen will, die Möglichkeit, ebenfalls auszuscheiden. Nach dem Alternativvorschlag gibt es bei unwirksamer Kündigung keine wirksame Anschlußkündigung (vgl. aber Stucken, WiB 1994, 744, 747).

§ 19 Verlust der Zulassung

Verliert ein Partner die für die Berufsausübung erforderliche Zulassung, so findet § 18 Abs. 4 Anwendung[67].

§ 20 Ausschluß eines Partners

(1) Ein Partner kann durch einstimmigen Beschluß aller übrigen Partner[68] ausgeschlossen werden, wenn er[69]:

    a) dauernd berufsunfähig im Sinne der Allgemeinen Unfallversicherungsbedingungen ist;

    b) aufgrund Krankheit länger als drei [....] Jahre den ihm nach § 5 obliegenden Verpflichtungen nicht nachgekommen ist;

    c) aus sonstigen Gründen länger als 6 Kalendermonate den ihm nach § 5 obliegenden Verpflichtungen, trotz Abmahnung (mit Fristsetzung von 14 Tagen), nicht nachgekommen ist;

    d) das 70. Lebensjahr vollendet hat.

(2) § 18 Abs. 4 findet sinngemäße Anwendung.

§ 21 Abfindung

(1) Dem ausgeschiedenen oder ausgeschlossenen Partner steht eine Abfindung zu, es sei denn, der Partnerschaftsanteil wurde von ihm mit Zustimmung der anderen Partner an einen Dritten übertragen.

(2) Die Berechnung des Abfindungsguthabens erfolgt gemäß § 738 Abs. 1 Satz 2 BGB[70]. Die Bewertung erfolgt auf Antrag des ausge-

---

67 Verliert ein Partner die Zulassung zum Beruf, so scheidet er gemäß § 9 Abs. 3 ipso jure aus der Partnerschaft aus. Zur Klarstellung empfiehlt es sich daher, wie bei der Kündigung, eine Regelung über die Anwachsung des Anteils aufzunehmen.

68 Der betroffene Partner bleibt bei der Beschlußfassung ausgeschlossen, vgl. § 6 Abs. 2 des Mustervertrages.

69 Die Ausschließung aus wichtigem Grund durch Gerichtsentscheidung ist in § 9 Abs. 1 i.V.m. §§ 140, 133 HGB geregelt. Die gewählte Klausel ermöglicht den Ausschluß durch die Partnerschaft, sollte aber auf Sonderfälle beschränkt bleiben, weitergehend: Stucken, a.a.O., § 12 des Musterentwurfes.

70 Das PartGG kennt keine eigene Abfindungsregelung und verweist in § 1 Abs. 4 auf die Vorschriften des BGB, insbesondere § 738 Abs. 1 S. 2 BGB. Die vorgeschlagene Regelung führt zu einer Abfindung auf der Grundlage des wirklichen Wertes, einschließlich aller stillen Reserven und des good will (vgl. BGHZ 17, 130, 136). Denk-

schiedenen oder ausgeschlossenen Partners auf dessen Kosten durch einen von der Industrie- und Handelskammer in ..... zu benennenden Sachverständigen als Schiedsgutachter.

(3) Das Abfindungsguthaben ist in 6 halbjährlichen Raten, erstmals 6 Monate nach dem Ausscheidungsstichtag, fällig und auszuzahlen. Das Abfindungsguthaben ist ab dem Stichtag des Ausscheidens mit 8 % p.a. zu verzinsen[71]. Die Zinsen werden halbjährlich mit den Tilgungsraten entrichtet.

(4) Die Partnerschaft ist berechtigt, die Auszahlungen früher als in Abs. 3 bestimmt vorzunehmen.

(5) Ergibt die Berechnung gemäß Abs. 2 einen Anspruch der Partnerschaft, so hat der ausscheidende Partner den entsprechenden Betrag in sinngemäßer Anwendung von Abs. 3 ratierlich einzuzahlen und den jeweils ausstehenden Betrag zu verzinsen.

§ 22 Tod eines Partners

(1) Verstirbt ein Partner, so wächst sein Anteil den übrigen Partnern im Verhältnis ihrer Beteiligung zu, soweit von diesen nichts anderes beschlossen wird[72]. Diese setzen die Partnerschaft fort.

(2) Den Erben stehen die Ansprüche des ausgeschiedenen Partners in sinngemäßer Anwendung des § 21 zu.

[**alternativ**: Ein Anspruch auf Abfindung steht den Erben nicht zu[73].]

---

bar und praktikabel sind auch andere Berechnungsmethoden, etwa die anerkannte Möglichkeit, vom Ertragswert auszugehen (vgl. BGH, WM 1984, 1506).

71 Einerseits ist eine ratierliche Auszahlung wünschenswert, um keinen Liquiditätsengpaß bei der Partnerschaft herbeizuführen. Andererseits sollte eine Verzinsung vorgesehen werden, da dem Abfindungsguthaben, solange es der Partnerschaft zur Verfügung steht, Darlehensqualität zukommt.

72 § 9 Abs. 2 und 3 sieht vor, daß die Partnerschaft ohne den Verstorbenen weitergeführt wird und die Beteiligung wegen der persönlichen Qualifikation im Rahmen des Freien Berufes im Regelfall nicht vererblich ist. Es sollte eine Regelung über die Anwachsung des Anteils auf die übrigen Partner getroffen werden.

73 Nach § 9 Abs. 4 S. 1 ist die Beteiligung an der Partnerschaft nicht vererblich. Unklar ist, ob damit eine Abfindung ipso jure ausgeschlossen sein soll (vgl. K. Schmidt, NJW 1995, 1, 4). Es ist deshalb eine klarstellende Regelung im Vertrag erforderlich.

[ergänzend[74]:

§ 23 Nachvertragliches[75] Wettbewerbsverbot[76]

(1) In jedem Fall des Ausscheidens ist es dem jeweiligen Partner für die Dauer von einem Jahr, vom Zeitpunkt des Ausscheidens an gerechnet, untersagt, am Sitz der Partnerschaft sowie im Umkreis von 50 km Luftlinie hiervon, eine konkurrierende Tätigkeit als .... aufzunehmen oder in sonstiger Weise in Wettbewerb mit der Partnerschaft zu treten.

(2) Der Partner erhält für seine Verpflichtung nach Abs. 1 eine angemessene Entschädigung in Höhe von 50 % seines im letzten Rechnungsjahr vor dem Ausscheiden gemäß § 14 erzielten Gewinns einschließlich Tätigkeitsvergütung, sofern ihm aufgrund besonderer individueller Umstände eine Tätigkeit außerhalb des in Abs. 1 genannten Gebietes nicht zumutbar ist, so daß die Entschädigung wegen der besonderen Schutzwürdigkeit des ausscheidenden Partners gerechtfertigt erscheint[77].

(3) Die Entschädigung ist während der Dauer des Wettbewerbsverbots zu entrichten; sie ist nachträglich vierteljährlich auszuzahlen.

(4) Ein während der Dauer des nachvertraglichen Wettbewerbsverbots vom ausgeschiedenen Partner erzielter anderweitiger oder ein böswillig unterlassener Erwerb ist auf die Wettbewerbsentschädigung in vollem Umfang anzurechnen.

---

74 Von der Vereinbarung eines nachvertraglichen Wettbewerbsverbotes oder eines Abwerbeverbotes sollte grundsätzlich nur restriktiv Gebrauch gemacht werden. Eine solche Klausel korrespondiert indessen regelmäßig mit der Abfindungsregelung. Erwirbt die Partnerschaft bei hoher Abfindung den good will, so kann ein nachvertragliches Wettbewerbsverbot angezeigt sein, um der Partnerschaft diesen Erwerb zu erhalten. Bleibt die Abfindung nach den vertraglichen Regeln auf ein Minimum beschränkt, so würde der ausscheidende Partner durch ein nachvertragliches Wettbewerbsverbot in seiner Berufsausübung zu sehr eingeschränkt.

75 Während der Vertragslaufzeit gilt gemäß § 6 Abs. 3 i.V.m. § 112 HGB ein Wettbewerbsverbot, wenn dies nicht abbedungen wird.

76 Das gesetzliche Wettbewerbsverbot im Sinne des § 112 HGB kann durch Vereinbarung verschärft werden. Aufgrund fehlender Verweisung im PartGG auf die §§ 74 ff. und 90 HGB gelten diese nicht. Zu beachten ist, daß nachvertragliche Wettbewerbsverbote „angemessen" bzw. „verhältnismäßig" sein müssen, um nicht § 138 BGB zu unterfallen (vgl. dazu etwa BGH, NJW 1991, 699; BGH, DB 1990, 2588).

77 Die Entschädigungsregelung orientiert sich an § 90 a HGB.

(5) Die Partnerschaft kann jederzeit schriftlich auf die Wettbewerbs-beschränkung verzichten. Wird der Verzicht erklärt, so wird sie mit Ablauf von 2 Monaten seit der Erklärung von der Verpflichtung zur Zahlung der Entschädigung frei.

(6) Für jeden Verstoß gegen das nachvertragliche Wettbewerbsverbot verpflichtet sich der ausgeschiedene Partner zur Zahlung einer Vertragsstrafe an die Partnerschaft in Höhe von bis zu DM 100.000 (in Worten: einhunderttausend Deutsche Mark), bei Dau-erdelikten für jeden angefangenen Monat der Zuwiderhandlung. Die Festsetzung der Höhe erfolgt im Einzelfall durch Beschluß aller übrigen Partner unter Berücksichtigung der Schwere des Ver-stoßes nach billigem Ermessen. Die Geltendmachung eines weiter-gehenden Schadensersatzes bleibt hiervon unberührt].

§ 24 Liquidation der Partnerschaft[78]

(1) Wird die Partnerschaft aufgelöst, so erfolgt die Liquidation durch einen Partner [Wirtschaftsprüfer], der durch einstimmigen Be-schluß aller Partner zu bestellen ist.

(2) Einigen sich die Partner nicht auf die Person des Liquidators, so erfolgt die verbindliche Bestellung auf Antrag eines Partners durch die Industrie- und Handelskammer in .... auf Kosten der Partnerschaft.

(3) Ein etwaiger Liquidationserlös wird im Verhältnis der Beteiligun-gen der Partner zum Auflösungsstichtag geteilt.

§ 25 Vertragsstrafe

(1) Jeder Partner verpflichtet sich im Falle eines grob fahrlässigen oder vorsätzlichen Verstoßes gegen die wesentlichen Verpflichtun-

---

78 Die Auflösung sowie die Liquidation der Partnerschaft sind in §§ 9 und 10 durch Ver-weis auf die OHG-Vorschriften umfassend geregelt, so daß weitergehende vertragli-che Festlegungen nicht zwingend erforderlich erscheinen. Schwierig kann die Bestel-lung des Liquidators gemäß § 146 HGB sein. Gemäß Abs. 1 sind im Zweifel alle Partner Liquidatoren, was gerade bei größeren Partnerschaften zur Handlungsun-fähigkeit führen kann. Es empfiehlt sich, im Gesellschaftsvertrag die Benennung eines Partners oder Wirtschaftsprüfers vorzusehen. Bei kleinen Partnerschaften soll-te auf die letztgenannte Alternative schon aus Kostengründen verzichtet werden.

gen aus §§ 5, 9 [...] dieses Vertrages zur Zahlung einer Vertragsstrafe an die Partnerschaft in Höhe von bis zu DM .... (in Worten: ....)[79].

(2) Die Festsetzung erfolgt nach Grund und Höhe im Einzelfall durch einstimmigen Beschluß aller übrigen Partner unter Berücksichtigung der Schwere des Verstoßes nach billigem Ermessen.

(3) Die Geltendmachung eines weiteren Schadens bleibt unberührt.

§ 26 Anwendbares Recht

Auf den vorliegenden Vertrag findet ausschließlich das Recht der Bundesrepublik Deutschland Anwendung[80].

§ 27 Schiedsklausel[81]

(1) Der ordentliche Rechtsweg ist ausgeschlossen.

(2) Alle Streitigkeiten aus diesem Vertrag, sei es über die Gültigkeit, die Auslegung, eine Lücke oder sonstige Fragen, welche mit diesem Vertrag in Zusammenhang stehen, sollen von einem Schiedsgericht entschieden werden. Hierüber ist ein besonderer Schiedsvertrag zwischen den Partnern geschlossen worden, der Bestandteil dieses Vertrages ist[82].

---

79 Eine Vertragsstrafenklausel in Gesellschaftsverträgen ist nicht zwingend erforderlich. Sie kann dennoch warnenden Charakter haben.

80 Die Klausel ist dann von Interesse, wenn es sich um eine international operierende Partnerschaft handelt.

81 Eine Schiedsvereinbarung bietet sich deshalb an, weil ein Schiedsgericht unter Berücksichtigung des Instanzenzuges sowohl kostengünstig ist, als auch schnell entscheiden kann. Hinzu tritt die Möglichkeit, durch die Benennung der Schiedsrichter Fachwissen einzubringen. Bei internationalen Partnerschaften erscheint eine Schiedsvereinbarung ohnehin empfehlenswert. Für kleine Partnerschaften sollte allerdings der ordentliche Rechtsweg bevorzugt werden (vgl. Schwytz: Heidelberger Musterverträge, Schiedsklauseln und Schiedsrichtervertrag).

82 Gemäß § 1027 Abs. 1 Satz 1 ZPO darf der Schiedsvertrag, der im übrigen der Schriftform bedarf, andere Vereinbarungen als solche, die sich auf das schiedsgerichtliche Verfahren beziehen, nicht enthalten. Die Urkunden sind deshalb auch räumlich zu trennen.

§ 28 Schriftform[83]

Nebenabreden sind nicht getroffen. Änderungen und Ergänzungen dieses Vertrages sowie die Aufhebung dieser Formvorschrift bedürfen der Schriftform.

§ 29 Kosten

Die Kosten dieses Vertrages und seiner Durchführung trägt die Partnerschaft.

§ 30 Salvatorische Klausel

Sollten Bestimmungen dieses Vertrages ganz oder teilweise unwirksam oder nicht durchführbar sein oder ihre Rechtswirksamkeit oder Durchführbarkeit später verlieren, so wird die Gültigkeit der Bestimmungen des Vertrages im übrigen nicht berührt. Das gleiche gilt, soweit sich herausstellen sollte, daß der Vertrag eine Regelungslücke enthält. Anstelle der unwirksamen, undurchführbaren Bestimmung oder zur Ausfüllung der Lücke soll eine angemessene Regelung gelten, die, soweit rechtlich zulässig, dem am nächsten kommt, was die Partner gewollt haben oder nach dem Sinn und Zweck des Vertrages gewollt hätten, sofern sie bei Abschluß dieses Vertrages oder bei der späteren Aufnahme einer Bestimmung den Punkt bedacht hätten. Dies gilt auch, wenn die Unwirksamkeit einer Bestimmung auf einem in dem Vertrag vorgeschriebenen Maß der Leistung oder Zeit (Frist oder Termin) beruht; es soll dann ein dem Gewollten möglichst nahekommendes rechtlich zulässiges Maß der Leistung oder Zeit (Frist oder Termin) als vereinbart gelten.

---

83 Aufgrund § 3 Abs. 1 bedarf der Partnerschaftsvertrag der Schriftform. Die Klausel hat hier lediglich Warnfunktion, um zu verhindern, daß im nachhinein vertragsändernde Beschlüsse ohne Beachtung des Formerfordernisses von den Partnern gefaßt werden.

Anlage 1: Inventarliste

3 Schreibtische (Beschreibung) ....

3 Schreibtischstühle (Beschreibung) ....

1 Garderobe (Beschreibung) .....

[Auflistung aller eingebrachten Gegenstände, ggf. mit Wertangaben]

....

(Ort, Datum und Unterschriften der Partner[84])

Anlage 2: Allgemeine Geschäftsbedingungen zur Haftungsbeschränkung[85]

§ 1 .....[86]

§ 2 .....

....

(Ort, Datum und Unterschriften der Partner)

Unterschriften aller Partner, Ort[87]

---

84 Die Unterschriften unter der Inventarliste sowie den AGB haben hier insbesondere Beweisfunktion.

85 § 8 Abs. 2 schreibt keine Form vor. Zu Beweiszwecken ist es jedoch empfehlenswert, die die Haftungsbeschränkung herbeiführende Vereinbarung schriftlich niederzulegen, insbesondere auch deshalb, weil nach Auffassung in der Literatur die jeweiligen Partner, auf die die Haftung beschränkt wird, namentlich zu bezeichnen sind (vgl. K. Schmidt, NJW 1995, 1, 6).

86 Es empfiehlt sich, um der Gefahr einer überraschenden Klausel i.S.d. § 3 AGBG zu entgehen, die haftungsbeschränkenden Bedingungen nicht in Auftrags- oder Mandats-AGB zu kleiden, sondern diese vielmehr gesondert – schriftlich – zu vereinbaren.

87 Mit dieser Unterschrift unter den **gesamten** Vertrag nebst Anlagen dokumentieren die Partner die Vereinbarung.

IV. Die Registeranmeldung[88]

1. Erstanmeldung

a) Inhalt der Anmeldung

Die Partnerschaft entsteht im Verhältnis zu Dritten erst mit der Eintragung im Partnerschaftsregister. Grundlage dafür ist eine entsprechende Anmeldung. Der Partnerschaftsvertrag selbst muß dem Gericht nicht notwendig vorgelegt werden. Allerdings muß die Anmeldung einen durch das Partnerschaftsgesellschaftsgesetz und die Partnerschaftsregisterverordnung (vom 16. 6. 1995, BGBl. I. S. 808, im folgenden: PRV) bestimmten Mindestinhalt haben. Durch sämtliche an der Partnerschaft beteiligten Partner ist folgendes anzumelden:

– Name der Partnerschaft;

– Sitz der Partnerschaft (Ort) §§ 4 Abs. 1, 3 Abs. 2 PartGG. Daneben ist die Lage der Geschäftsräume (volle Anschrift) anzugeben (§§ 1 PRV, 24 HRV);

– Name, Vorname und Wohnort der Partner[89];

– Der in der Partnerschaft ausgeübte Freie Beruf jedes Partners und die Erklärung der Zugehörigkeit hierzu[90];

– Gegenstand der Partnerschaft[91];

– Erklärung darüber, daß Vorschriften des jeweiligen Berufsrechts, insbesondere solche über die Zusammenarbeit mit Angehörigen verschiedener Freier Berufe, einer Eintragung in das Partnerschaftsregister nicht entgegenstehen;

---

88 Die Ausführungen zur Neugestaltung dieses Kapitels gehen im wesentlichen auf die Merkblätter zurück, die der für NRW zuständige Registerrechtspfleger des Partnerschaftsregisters beim Amtsgericht Essen, Herr Dipl. Rechtspfleger (FH) Andreas Marquardt, gefertigt hat. Diese können unmittelbar bei dem Amtsgericht Essen, Zweigertstraße 52, 45116 Essen, Tel. 0201/803-0 (2700) angefordert werden. Diese Merkblätter enthalten auch eine ausführliche Darstellung über die anfallenden Kosten und Gebühren.

89 Im Hinblick auf das derzeit noch nicht umgesetzte Handelsrechtsreformgesetz (HrefG) erscheint es zweckmäßig, auch das Geburtsdatum zur Eintragung in das Register anzumelden, um spätere Anmeldungen bzw. Eintragungen zu vermeiden.

90 Vgl. § 4 Abs. 2 PartGG, § 3 Satz 1 PRV.

91 Es empfiehlt sich, die Formulierung aus dem Vertrag zu verwenden, anstatt den Gegenstand zusammengefaßt wiederzugeben, vgl. auch § 3 Abs. 2 Nr. 3 PartGG.

– Erklärung darüber, ob und welche Berufskammer für die in der Partnerschaft ausgeübten Berufe zuständig ist[92];

– Vertretungsregelung, soweit diese nicht der gesetzlichen Regelung entspricht[93];

Die genannten Erklärungen könnten mit folgender Wendung eingeleitet werden:

„Als Inhalt des am .... schriftlich geschlossenen Partnerschaftsvertrages melden wir zur Eintragung in das Partnerschaftsregister die .... (Name der Partnerschaft) an und geben nachstehende Erklärungen ab":

b) Form der Anmeldung

Die Anmeldung muß in notariell beglaubigter Form eingereicht werden. Gleiches gilt für eine Vollmacht zur Anmeldung. Die öffentliche Beglaubigung der Anmeldung sowie der beizufügenden Unterlagen (vgl. dazu unter c) kann nur durch einen Notar erfolgen und nicht durch andere Stellen (etwa durch die Stadtverwaltung, Pfarrer etc.). Die Anmeldung zur Partnerschaft ist damit einer strengeren Form unterworfen, als der in schriftlicher Form abzufassende Partnerschaftsvertrag.

c) Beizufügende Unterlagen

Der Anmeldung sind beizufügen:

Die handschriftlichen Zeichnungen des Namens der Partner und des vollständigen Namens der Partnerschaft wie angemeldet durch alle Partner, die die Partnerschaft vertreten sollen, §§ 4 Abs. 1 PartGG, § 105 Abs. 2 HGB. Hinsichtlich der Form der Zeichnungen ist § 41 BeurkG zu beachten. Die Zeichnungen können auch in der Anmeldung selbst enthalten sein; die Anmeldung ist in diesem Fall zusätzlich unter Angabe von Ort und Datum zu unterschreiben. Für den Fall, daß die Berufsausübung der staatlichen Zulassung oder einer staatlichen Prüfung bedarf, sollen die Urkunde über die Zulassung oder das Zeugnis über die Befähigung zu diesem Beruf vorgelegt werden. Auch

---

92 Es soll die Anschrift der jeweiligen Berufskammer mitgeteilt werden, § 4 Satz 2, 3 PRV.
93 Vgl. §§ 7 Abs. 3 PartGG, § 125 Abs. 4 HGB.

hier bedarf es einer öffentlich beglaubigten Abschrift. Besteht für die angestrebte freiberufliche Tätigkeit keine anerkannte Ausbildung oder ist zweifelhaft, ob die angestrebte Tätigkeit als freiberuflich im Sinne des § 1 Abs. 2 PartGG einzustufen ist, ist eine entsprechende Erklärung in der Anmeldung abzugeben[94]. Bedarf die Partnerschaft aufgrund öffentlich-rechtlicher Vorschriften über die einzelnen Berufe der staatlichen Zulassung und ist diese noch nicht erfolgt, so ist nach § 3 Abs. 3 PRV durch die Bestätigung der zuständigen Behörde nachzuweisen, daß eine solche Zulassung erfolgen kann.

2. Folgeanmeldungen zum Partnerschaftsregister

Veränderungen, die die Angaben betreffen, welche im Rahmen der Erstanmeldung mitgeteilt und sodann eingetragen wurden, müssen ihrerseits eingetragen werden. Sie sind regelmäßig durch sämtliche Partner vorzunehmen. Einzige Ausnahme sind Anmeldungen betreffend Zweigniederlassungen. Die Anmeldung erfolgt bei dem Registergericht, bei dem die Partnerschaft ihren Sitz hat – also nicht etwa beim Registergericht der Zweigniederlassung.

Folgende Veränderungen kommen in Betracht:

– Name, Sitz, Gegenstand der Partnerschaft;
– Name, Vorname, Wohnort, ausgeübter Freier Beruf eines Partners;
– Änderungen bei der Vertretungsbefugnis;
– Veränderungen betreffend die angemeldeten Zweigniederlassungen.

Darüber hinaus sind in gleicher Form beim Registergericht in öffentlich beglaubigter Form anzumelden:

– Eintritt neuer Partner;
– Ausscheiden bisheriger Partner;
– die Einrichtung von Zweigniederlassungen[95];
– die Auflösung der Partnerschaft;
– die Liquidatoren der Partnerschaft sowie Änderungen der Vertretungsregelungen unter ihnen;
– das Ende der Liquidation und damit das Erlöschen des Namens der Partnerschaft.

---

94 §§ 5 Abs. 2 PartGG, 12 HGB.
95 Hier ist die Anmeldung durch Partner in vertretungsberechtigter Anzahl ausreichend.

3. Sonderproblem: Rechtsformzusätze „und Partner"/„Partnerschaft"

Nach § 11 PartGG dürfen den Zusatz „Partnerschaft" oder „und Partner" *nur* Partnerschaften nach diesem Gesetz, gemeint ist das PartGG, führen. Gesellschaften, die eine solche Bezeichnung bei Inkrafttreten dieses Gesetzes in ihrem Namen führen, ohne Partnerschaft im Sinne dieses Gesetzes zu sein, dürfen diese Bezeichnung nach § 11 Satz 2 PartGG nur noch bis zum Ablauf von zwei Jahren nach Inkrafttreten dieses Gesetzes, also bis zum 1. 7. 1997, weiter verwenden. Nach Ablauf dieser Frist dürfen sie eine solche Bezeichnung nur noch weiterführen, wenn sie in ihrem Namen der Bezeichnung „Partnerschaft" oder „und Partner" einen Hinweis auf eine andere Rechtsform hinzufügen (§ 11 Satz 3 PartGG).

Der BGH hat in dieser Hinsicht nunmehr durch Beschluß vom 21. 4. 1997 (II ZB 14/96)[96] klargestellt, daß *allen* Gesellschaften (auch Kapitalgesellschaften wie GmbHs und AGs)[97] mit einer anderen Rechtsform als der Partnerschaft, die nach dem Inkrafttreten des PartGG begründet oder umbenannt werden, die Führung der Bezeichnung „und Partner" verwehrt ist. Dies gilt auch für die Zusätze „+ Partner" oder „& Partner"[98].

---

96 BGH, MDR 1997, S. 860 ff. mit Anmerkung von Lenz.
97 Vgl. zur unterschiedlichen Auslegung von § 11 Satz 1 PartGG noch OLG Frankfurt, ZiP 1996, 1082; demgegenüber BayObLG, ZiP 1996, 1702.
98 Vgl. zu weiteren Zusätzen auch Lenz in MDR 1997, S. 861, 862, z. B. „und Partnerinnen".

4. Registerauszug (Beispiel)[99]

Partnerschaftsregister des Amtsgerichts ...   Nummer der Partnerschaft: PR

Nr. der Eintragung	a) Name b) Sitz c) Gegenstand	a) Partner Abwickler b) Vertretungsbefugnisse (soweit vom Gesetz abweichend)	Rechtsverhältnisse	a) Tag der Eintragung und Unterschrift/ Bestätigung b) Bemerkungen
1	2	3	4	5
1	a) Müller und Partner, Rechtsanwälte und Steuerberater b) München c) Ausübung rechtsanwaltlicher und steuerberatender Tätigkeit	a) Peter Müller, Rechtsanwalt, Starnberg Christian Schmidt, Steuerberater, München Dr. Gabriele Mittler, Rechtsanwältin, Dachau		a) 28. Juli 1995 Schirmer
2		a) Ute Jung, Rechtsanwältin, Augsburg b) Ute Jung ist nur gemeinsam mit Peter Müller oder Christian Schmidt vertretungsberechtigt.	Ute Jung ist als Partnerin in die Partnerschaft eingetreten.	a) 8. Januar 1996 Schirmer
3		b) Ute Jung ist nun alleinvertretungsberechtigt.		a) 1. August 1996 Schirmer
4	b) In Augsburg ist eine Zweigniederlassung errichtet			a) 22. April 1997 Schirmer b) Amtsgericht Augsburg PR 98 Schirmer
5	a) Müller, Schmidt und Partner, Rechtsanwälte und Steuerberater		Der Name der Partnerschaft ist geändert.	a) 12. Juli 1997 Schirmer
6		a) Abwickler: Christian Schmidt, Steuerberater, München Ute Jung, Rechtsanwältin, Augsburg	Die Partnerschaft ist aufgelöst.	a) 9. Januar 2001 Kötzle
7			Der Name der Partnerschaft ist erloschen.*	a) 14. Mai 2001 Kötzle

* Die Durchkreuzung des Registerblattes ist hier weggelassen.

99 Der Beispielauszug ist dem Referentenentwurf entnommen.

V. Übersicht: Eingetragene Partnerschaft und daran beteiligte Personen beim Amtsgericht Essen – Partnerschaftsregister

(Stand: 15. 09. 1997)

Eingetragene Partnerschaften bestehend aus:	
Architekten	22
Architekten/Ingenieuren	10
Ärzten	6
Ber. Volkswirten/Betriebswirten	4
Designern	2
Diplom-Psychologen	2
Geologen	3
Grundbesitzverwaltern	1
Heilpraktikern	1
Ingenieuren	33
Ingenieuren/Kfz-Sachverständigen	1
Ingenieuren/Physikern	1
Journalisten	4
Krankengymnasten	5
Krankenschwestern/Krankenpfleger	4
Landschaftsarchitekten/Geographen	1
Landschaftsarchitekten/Ingenieure	1
Landschaftsarchitekten/Ökologen	1
Lehrern	1
Managementberatern	1
Maschinenbaukonstrukteuren	1
Masseure u. med. Bademeistern	5
Organisationsberatern	3
Patentanwälte	4
Personaltrainern	1
Psychotherapeuten	1
Rechtsanwälten	52
Sachverständigen (hauptberuflich)	1
Sozialwissenschaftlern	1
Soziologen/Politologen	3
Steuerberatern/Rechtsanwälten	15
Steuerberatern/Steuerbev./Wirtschaftsprüfern/vereid. Buchprüfern	32
Tontechnikern	1
Umweltplanern/Stadtplanern	1
Unternehmensberatern	24
Wirtschaftsprüfungs-/Steuerberatungsgesellschaften/Buchprüfsges.	25
Zahnärzten	4
Gesamtzahl	278

Zahl der beteiligten Personen:	
Architekten	66
Ärzte	27
Ber. Volkswirten/Betriebswirte	12
Designer	4
Diplom-Pädagogen	1
Diplom-Psychologen	6
Geographen	2
Gesellschaftswissenschaftler	3
Geologen	7
Grundbesitzverwalter	2
Heilpraktiker	2
Ingenieure	87
Journalisten	10
Kfz.-Sachverständiger	1
Krankengymnasten	10
Krankenschwestern/Krankenpfleger	14
Landschaftsarchitekten	8
Lehrer	2
Managementberater	2
Maschinenbaukonstrukteure	2
Masseure u. med. Bademeister	8
Ökologen	1
Organisationsberater	10
Patentanwälte	13
Personaltrainer	2
Physiker	1
Psychotherapeuten	1
Rechtsanwälten	183
Sachverständige (hauptberuflich)	4
Sozialwissenschaftler	2
Soziologen	4
Steuerberater/Steuerbev./Wirtschaftsprüfer/vereid. Buchprüfer	148
Stadtplaner	5
Tontechniker	3
Unternehmensberater	54
Zahnärzte	8
Gesamtzahl	715

VI. Gesetzestext

Gesetz über Partnerschaftsgesellschaften Angehöriger Freier Berufe (Partnerschaftsgesellschaftsgesetz – PartGG)

§ 1
Voraussetzung der Partnerschaft

(1) Die Partnerschaft ist eine Gesellschaft, in der sich Angehörige Freier Berufe zur Ausübung ihrer Berufe zusammenschließen. Sie übt kein Handelsgewerbe aus. Angehörige einer Partnerschaft können nur natürliche Personen sein.

(2) Ausübung eines Freien Berufs im Sinne dieses Gesetzes ist die selbständige Berufstätigkeit der Ärzte, Zahnärzte, Tierärzte, Heilpraktiker, Krankengymnasten, Hebammen, Heilmasseure, Diplom-Psychologen, Mitglieder der Rechtsanwaltskammern, Patentanwälte, Wirtschaftsprüfer, Steuerberater, beratenden Volks- und Betriebswirte, vereidigten Buchprüfer (vereidigte Buchrevisoren), Steuerbevollmächtigten, Ingenieure, Architekten, Handelschemiker, Lotsen, hauptberuflichen Sachverständigen, Journalisten, Bildberichterstatter, Dolmetscher, Übersetzer und ähnlicher Berufe sowie der Wissenschaftler, Künstler, Schriftsteller, Lehrer und Erzieher.

(3) Die Berufsausübung in der Partnerschaft kann in Vorschriften über einzelne Berufe ausgeschlossen oder von weiteren Voraussetzungen abhängig gemacht werden.

(4) Auf die Partnerschaft finden, soweit in diesem Gesetz nichts anderes bestimmt ist, die Vorschriften des Bürgerlichen Gesetzbuchs über die Gesellschaft Anwendung.

§ 2
Name der Partnerschaft

(1) Der Name der Partnerschaft muß den Namen mindestens eines Partners, den Zusatz „und Partner" oder „Partnerschaft" sowie die Berufsbezeichnungen aller in der Partnerschaft vertretenen Berufe enthalten.

(2) § 18 Abs. 2, § 19 Abs. 3 und 4, §§ 21, 22 Abs. 1, §§ 23, 24, 30, 31 Abs. 2, §§ 32 und 37 des Handelsgesetzbuchs sind entsprechend anzuwenden; § 24 Abs. 2 des Handelsgesetzbuchs gilt auch bei Umwandlung einer Gesellschaft bürgerlichen Rechts in eine Partnerschaft.

§ 3
Partnerschaftsvertrag

(1) Der Partnerschaftsvertrag bedarf der Schriftform.

(2) Der Partnerschaftsvertrag muß enthalten

1. den Namen und den Sitz der Partnerschaft;

2. den Namen und den Vornamen sowie den in der Partnerschaft aus-geübten Beruf und den Wohnort jedes Partners;

3. den Gegenstand der Partnerschaft.

§ 4
Anmeldung der Partnerschaft

(1) Auf die Anmeldung der Partnerschaft in das Partnerschaftsregister sind § 106 Abs. 1 und § 108 des Handelsgesetzbuchs entsprechend anzuwenden. Die Anmeldung hat die in § 3 Abs. 2 vorgeschriebenen Angaben zu enthalten. Änderungen dieser Angaben sind gleichfalls zur Eintragung in das Partnerschaftsregister anzumelden.

(2) In der Anmeldung ist die Zugehörigkeit jedes Partners zu dem Freien Beruf, den er in der Partnerschaft ausübt, anzugeben. Das Registergericht legt bei der Eintragung die Angaben der Partner zugrunde, es sei denn, ihm ist deren Unrichtigkeit bekannt.

§ 5
Inhalt der Eintragung; anzuwendende Vorschriften

(1) Die Eintragung hat die in § 3 Abs. 2 genannten Angaben zu enthalten.

(2) Auf das Partnerschaftsregister und die registerrechtliche Behandlung von Zweigniederlassungen sind die §§ 8 bis 12, 13, 13c, 13d, 13h, 14 bis 16 des Handelsgesetzbuches über das Handelsregister entsprechend anzuwenden.

§ 6
Rechtsverhältnis der Partner untereinander

(1) Die Partner erbringen ihre beruflichen Leistungen unter Beachtung des für sie geltenden Berufsrechts.

(2) Einzelne Partner können im Partnerschaftsvertrag nur von der Führung der sonstigen Geschäfte ausgeschlossen werden.

(3) Im übrigen richtet sich das Rechtsverhältnis der Partner untereinander nach dem Partnerschaftsvertrag. Soweit der Partnerschaftsvertrag keine Bestimmungen enthält, sind die §§ 110 bis 116 Abs. 2, §§ 117 bis 119 des Handelsgesetzbuchs entsprechend anzuwenden.

§ 7
Wirksamkeit im Verhältnis zu Dritten; rechtliche Selbständigkeit; Vertretung

(1) Die Partnerschaft wird im Verhältnis zu Dritten mit ihrer Eintragung in das Partnerschaftsregister wirksam.

(2) § 124 des Handelsgesetzbuchs ist entsprechend anzuwenden.

(3) Auf die Vertretung der Partnerschaft sind die Vorschriften des § 125 Abs. 1, 2 und 4 sowie der §§ 126 und 127 des Handelsgesetzbuchs entsprechend anzuwenden.

§ 8
Haftung für Verbindlichkeiten der Partnerschaft

(1) Für Verbindlichkeiten der Partnerschaft haften den Gläubigern neben dem Vermögen der Partnerschaft die Partner als Gesamtschuldner. Die §§ 129 und 130 des Handelsgesetzbuchs sind entsprechend anzuwenden.

(2) Die Partner können ihre Haftung gemäß Absatz 1 Satz 1 für Ansprüche aus Schäden wegen fehlerhafter Berufsausübung auch unter Verwendung vorformulierter Vertragsbedingungen auf den von ihnen beschränken, der innerhalb der Partnerschaft die berufliche Leistung zu erbringen oder verantwortlich zu leiten und zu überwachen hat.

(3) Durch Gesetz kann für einzelne Berufe eine Beschränkung der Haftung für Ansprüche aus Schäden wegen fehlerhafter Berufsausübung auf einen bestimmten Höchstbetrag zugelassen werden, wenn zugleich eine Pflicht zum Abschluß einer Berufshaftpflichtversicherung der Partner oder der Partnerschaft begründet wird.

§ 9
Ausscheiden eines Partners; Auflösung der Partnerschaft

(1) Auf das Ausscheiden eines Partners und die Auflösung der Partnerschaft sind, soweit im folgenden nichts anderes bestimmt ist, die §§ 131 bis 144 des Handelsgesetzbuchs entsprechend anzuwenden.

(2) Der Tod eines Partners, die Eröffnung des Konkursverfahrens über das Vermögen eines Partners, die Kündigung eines Partners und die Kündigung durch den Privatgläubiger eines Partners bewirken nur das Ausscheiden des Partners aus der Partnerschaft.

(3) Verliert ein Partner eine erforderliche Zulassung zu dem Freien Beruf, den er in der Partnerschaft ausübt, so scheidet er mit deren Verlust aus der Partnerschaft aus.

(4) Die Beteiligung an einer Partnerschaft ist nicht vererblich. Der Partnerschaftsvertrag kann jedoch bestimmen, daß sie an Dritte vererblich ist, die Partner im Sinne des § 1 Abs. 1 und 2 sein können. § 139 des Handelsgesetzbuchs ist nur insoweit anzuwenden, als der Erbe der Beteiligung befugt ist, seinen Austritt aus der Partnerschaft zu erklären.

§ 10
Liquidation der Partnerschaft; Nachhaftung

(1) Für die Liquidation der Partnerschaft sind die Vorschriften über die Liquidation der offenen Handelsgesellschaft entsprechend anwendbar.

(2) Nach der Auflösung der Partnerschaft oder nach dem Ausscheiden des Partners bestimmt sich die Haftung der Partner aus Verbindlichkeiten der Partnerschaft nach den §§ 159, 160 des Handelsgesetzbuchs.

§ 11
Übergangsvorschrift

Den Zusatz „Partnerschaft" oder „und Partner" dürfen nur Partnerschaften nach diesem Gesetz führen. Gesellschaften, die eine solche Bezeichnung bei Inkrafttreten dieses Gesetzes in ihrem Namen führen, ohne Partnerschaft im Sinne dieses Gesetzes zu sein, dürfen diese Bezeichnung noch bis zum Ablauf von zwei Jahren nach Inkrafttreten dieses Gesetzes weiterverwenden. Nach Ablauf dieser Frist dürfen sie eine solche Bezeichnung nur noch weiterführen, wenn sie in ihrem Namen der Bezeichnung „Partnerschaft" oder „und Partner" einen Hinweis auf die andere Rechtsform hinzufügen.

VII. Schrifttumshinweise

1. Kommentarliteratur:

Castan	Die Partnerschaftsgesellschaft, Bielefeld 1997
Feddersen/ Meyer-Landrut	Partnerschaftsgesellschaftsgesetz, Wiesbaden 1995
Henssler	Partnerschaftsgesellschaftsgesetz, München 1997
Meilicke/ Graf v. Westphalen/ Hoffmann/Lenz	Partnerschaftsgesellschaftsgesetz, München 1995
Michalski/ Römermann	Kommentar zum Partnerschaftsgesellschaftsgesetz, Köln 1995
Ring	Die Partnerschaftsgesellschaft, Bonn 1997
Ulmer	Gesellschaft bürgerlichen Rechts und Partnerschaftsgesellschaft, 3. Aufl., München 1997

2. Auswahl an Aufsätzen und sonstigen Werken:

Bärwaldt/Schabacker	Darf sich nur noch die Partnerschaftsgesellschaft „und Partner" nennen? MDR 1997, 114 ff.
Bösert	Das Gesetz über Partnerschaftsgesellschaften Angehöriger Freier Berufe, ZAP 1994, 765 ff.
	Der Regierungsentwurf eines Gesetzes zur Schaffung von Partnerschaftsgesellschaften, DStR 1993, 1332 ff.
Burret	Das Partnerschaftsgesellschaftsgesetz, Die Partnerschaft – eine Rechtsform für die prüfenden Berufe?, WPK-Mitt. 1994, 201 ff.
Gail/Overlack	Anwalts-GmbH oder Partnerschaftsgesellschaft, Köln 1995; Anwaltsgesellschaften, Köln, 2. Aufl. 1996

Henssler	Der Regierungsentwurf eines Gesetzes über Partnerschaftsgesellschaften, WiB 1994, 53 ff.
Korts/Korts	Heilberufsgesellschaften – ärztliche Partnerschaft, Heidelberger Musterverträge, Heidelberg 1996
Lenz	Die Partnerschaft – Alternative Gesellschaftsform für Freiberufler?, MDR 1994, 741 ff.;
	Die „Ausübung" des Freien Berufes i. S. des Partnerschaftsgesellschaftsgesetzes, WiB 1995, S. 529 ff.
	Anmerkung zu BGH-Beschluß vom 21. 4. 97 (II ZB 14/96), MDR 1997, S. 861, 862
Leutheusser-Schnarrenberger	Die Partnerschaftsgesellschaft – nationale und EG-rechtliche Bestrebungen zu einem Sondergesellschaftsrecht für die Freien Berufe, in FS für Helmrich, Letzgus/Hill u. a. (Hrsg.), für Recht und Staat, München 1994
	Partnerschaftsgesetz – der neue Entwurf ist besser, Der Freie Beruf 1–2/1993, 9 ff.
	Partnerschaftsgesellschaftsgesetz – ab 1. Juli 1995 in Kraft, Der Freie Beruf 7–8/1994, 20 ff.
	Ein wichtiger Tag für die Freien Berufe, AnwBl. 1994, 334
Michalski	Zum Regierungsentwurf eines Partnerschaftsgesellschaftsgesetzes ZIP 1993, 1210
K. Schmidt	Die Freiberufliche Partnerschaft, NJW 1995, 1 ff.
	Partnerschaftsgesetzgebung zwischen Berufsrecht, Schuldrecht und Gesellschaftsrecht, ZiP 1993, 633 ff.;
	Der Partnerschaftsgesetzentwurf: Chance für eine überfällige Reform der Gesellschaft bürgerlichen Rechts, ein rechtspolitischer Beitrag

zum Recht der unternehmenstragenden Gesamthand in Österreich, JBl 1988, 745 ff.

Schwytz	Schiedsklauseln und Schiedsrichtervertrag, Heidelberger Musterverträge, 2. Auflage, Heidelberg 1993
Seibert	Gesellschaften mit „Partner-Zusatz"-Änderungen zum 1. 7. 1997, ZIP 1997, 1046 ff.
	Die Partnerschaft, Bonn 1994
	Regierungsentwurf eines Partnerschaftsgesellschaftsgesetzes, ZIP 1993, 1197 ff.
	Zum neuen Entwurf eines Partnerschaftsgesellschaftsgesetzes, AnwBl. 1993, 155 ff.
	Die Partnerschaft für die Freien Berufe, DB 1994, 2381 ff.
Stuber	Das Partnerschaftsgesellschaftsgesetz unter besonderer Berücksichtigung der Belange der Anwaltschaft, WiB 1994, 705 ff.
Stucken	Mustervertrag einer Partnerschaftsgesellschaft, WiB 1994, 744
Volmer	Die Partnerschaft als Gesellschaftsform für die Teamarbeit im Freien Beruf, Der Steuerberater 1967, 25